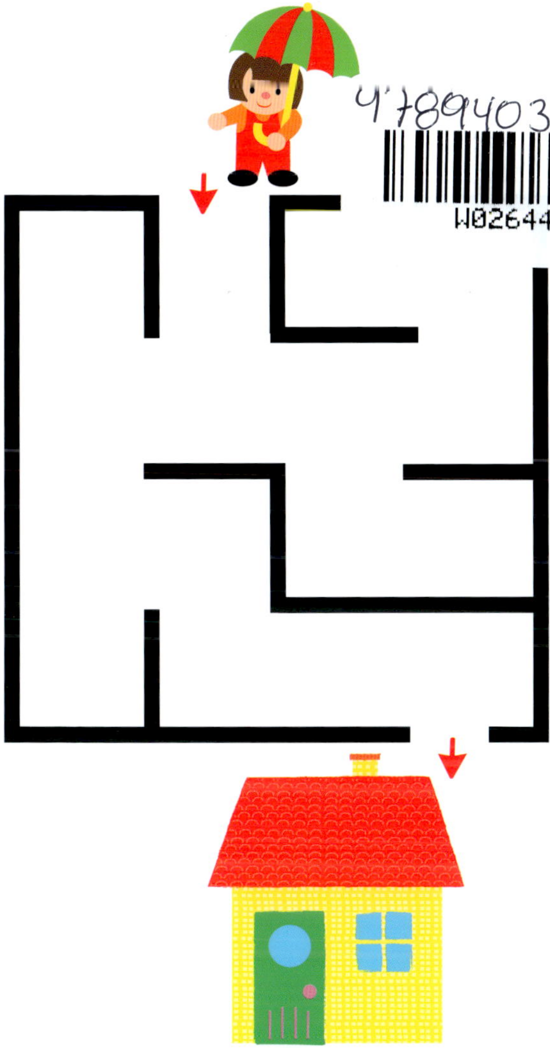

1. Le chemin de la maison

À toi de trouver le chemin qui mène à la maison.

2. Il pleut !

Et si tu dessinais des gouttes de pluie ?
Relie les parapluies qui sont identiques.

3. Les draisiennes

Peux-tu relier les draisiennes qui sont parfaitement identiques ?

4. Des fleurs

Observe bien les fleurs.
Entoure celle qui n’apparaît qu’une fois.

5. Contente, effrayée, fâchée

Comment se sentent ces enfants ? Dessine leur visage.

6. Le jongleur

Et si tu dessinais les balles avec lesquelles ce clown jongle ?

7. Gauche ou droite ?

Fais une croix à côté des chevaux à bascule tournés vers la gauche et entoure ceux qui regardent vers la droite.

8. Hip hip hip hourra !

Décore ce gâteau et ajoutes-y des bougies.

9. Tournesol

Et si tu ajoutais les pétales du tournesol ?
Dessine aussi un visage content à la fleur.

10. Carrés

Transforme ces carrés en cadeaux.

11. Arbres fruitiers

À toi de relier chaque arbre à son fruit.

12. Miam !

Dessine ton plat préféré sur cette assiette.

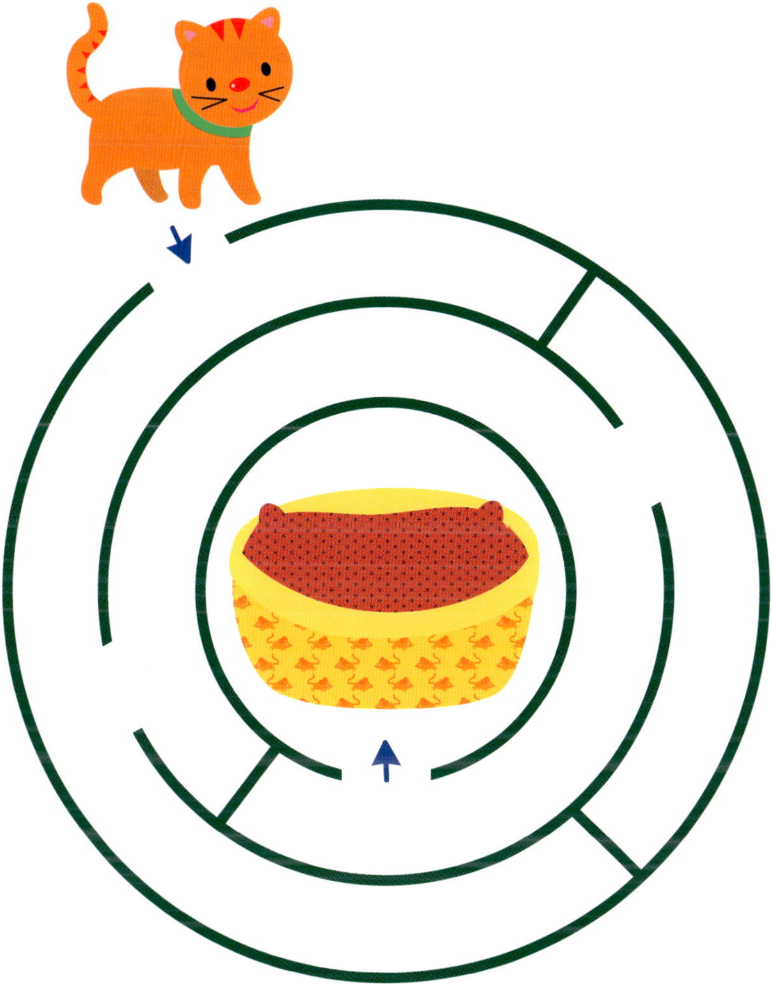

13. Labyrinthe

Et si tu aidais le chat à rejoindre son panier ?

14. Vroum, vroum !

Regarde attentivement l'exemple et dessine tout ce qu'il manque à la voiture.

15. Les théières

Relie chaque tasse à la théière qui lui correspond.

16. Les peluches

De quel ours en peluche cet ourson est-il amoureux ?
Pour le découvrir, suis les pointillés avec ton feutre.

17. Chaussettes identiques

Regarde bien la chaussette qui est du côté gauche.
Peux-tu décorer de la même manière
celle qui se trouve à droite ?

18. Du bon raisin

À toi de dessiner des cercles
pour terminer la grappe de raisin.

19. Pimpon

Observe attentivement les deux ambulances.
Trouve les cinq différences et marque-les d'une croix.

20. Le ballon

Et si tu dessinais l'autre moitié de ce ballon ?

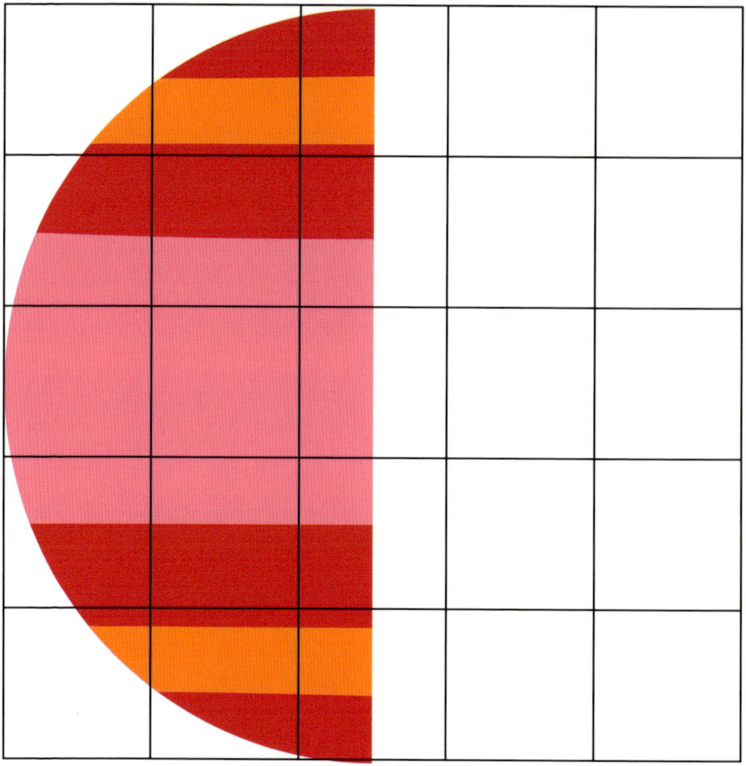

21. Les roues

Peux-tu dessiner les roues manquantes ?

22. Les cheveux de la poupée

À toi de dessiner les cheveux de cette poupée.
A-t-elle les cheveux longs ou courts ?
À moins qu'elle n'ait des tresses ?

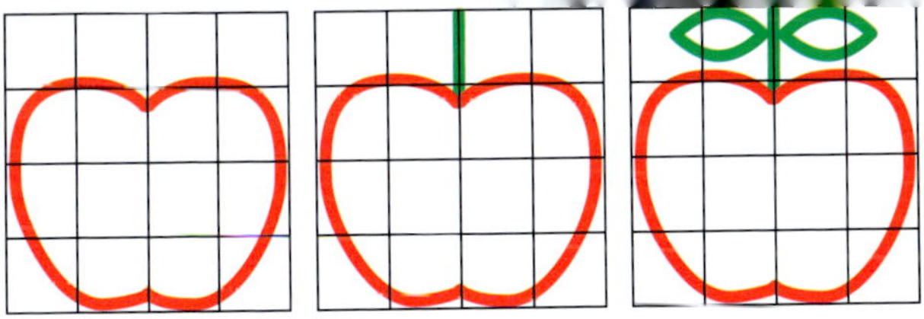

23. Une pomme

Peux-tu déjà dessiner une pomme ?
Observe et suis bien les trois étapes
pour dessiner une pomme dans la grande grille.

24. L'arrosoir

Dessine les jets d'eau qui coulent de l'arrosoir.

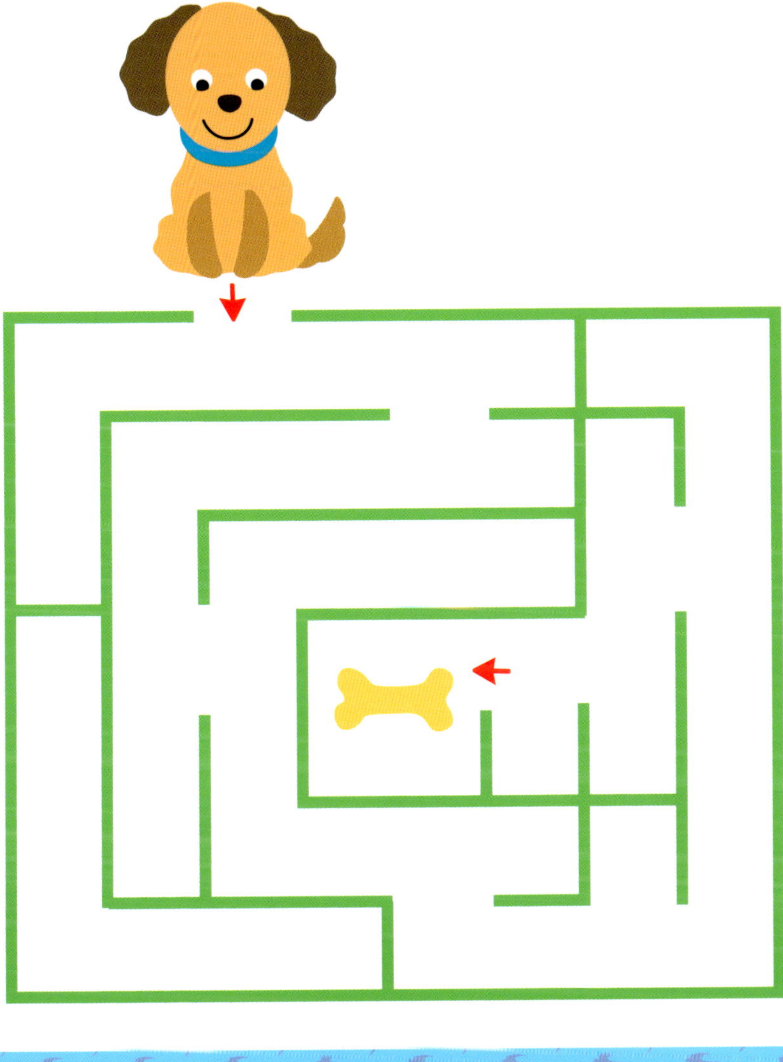

25. Wouaf !

Guide ce chien jusqu'à son os.

26. Les cerfs-volants

Et si tu terminais le cerf-volant en repassant sur les pointillés ?

27. Vive les fruits !

Décore l'ananas en dessinant des rayures en zigzag
et dessine quelques cerises juteuses.

28. Des ballons

Fais une croix dans le ballon qui n'apparaît qu'une seule fois. Dessine aussi quelques ballons supplémentaires.

29. Le dinosaure

Dessine des piquants sur le dos de ce dinosaure.

30. Brrr !

Dessine des motifs pour décorer ce bonnet.

31. Miam, des glaces !

À toi de relier chaque glace à son ombre.

32. Relier

Relie les éléments qui vont ensemble.

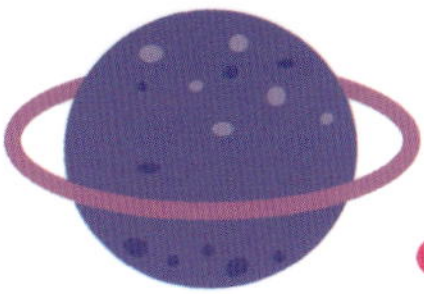

33. La maisonnette

Et si tu dessinais une porte et des fenêtres ?
Sans oublier la cheminée !

34. Tûûûûût !

Peux-tu dessiner les vagues sur la mer ?
Entoure aussi tous les poissons verts.

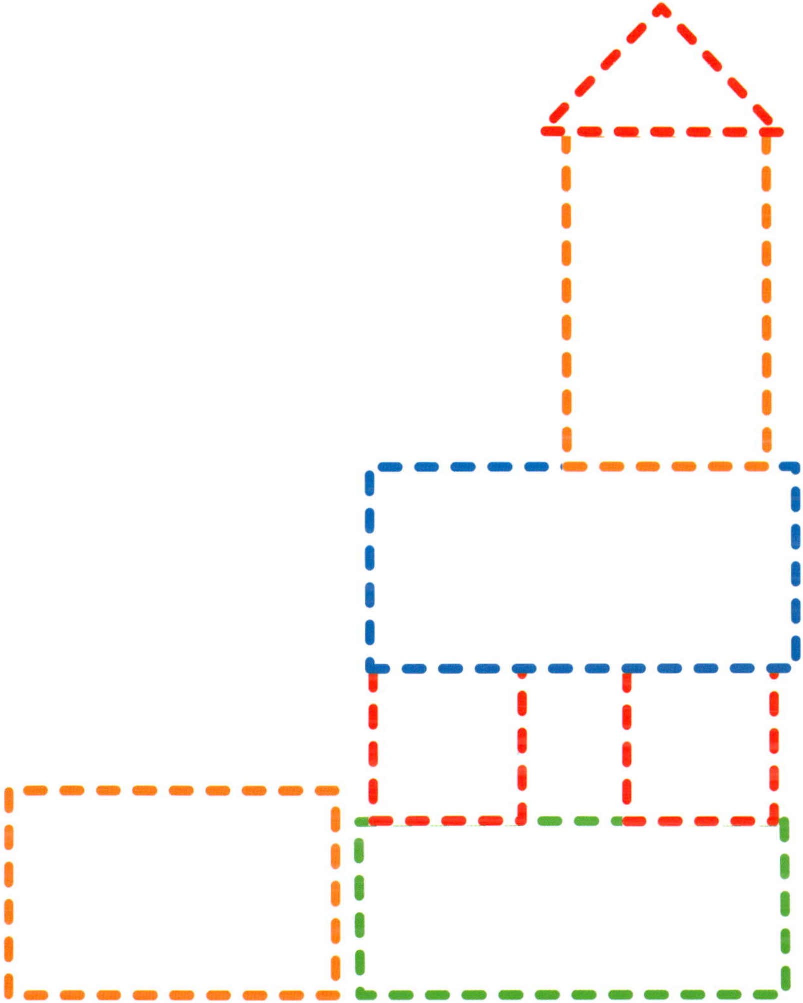

35. La tour de blocs

Repasse sur les pointillés avec ton feutre, puis ajoute quelques blocs supplémentaires.

36. Tchou, tchou !

Dessine le nuage de fumée qui sort de la cheminée du train.
Trace les rails de chemin de fer en repassant
sur les pointillés avec ton feutre.

37. La pelleteuse

Aide la pelleteuse à rejoindre le camion à benne.

38. Le bonhomme de neige

Et si tu décorais ce bonhomme de neige ?
Dessine des boutons sur son corps et donne-lui un balai, une bouche et un chapeau.

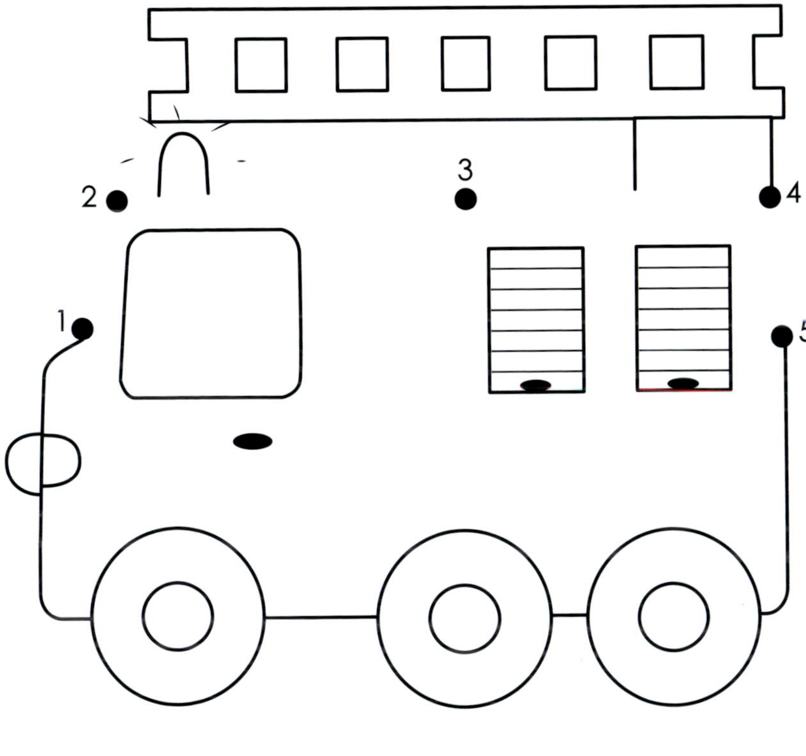

39. Au feu !

Peux-tu relier les points de 1 à 5 ? Bravo !

40. Le boulier

Dessine des boules supplémentaires sur le boulier.

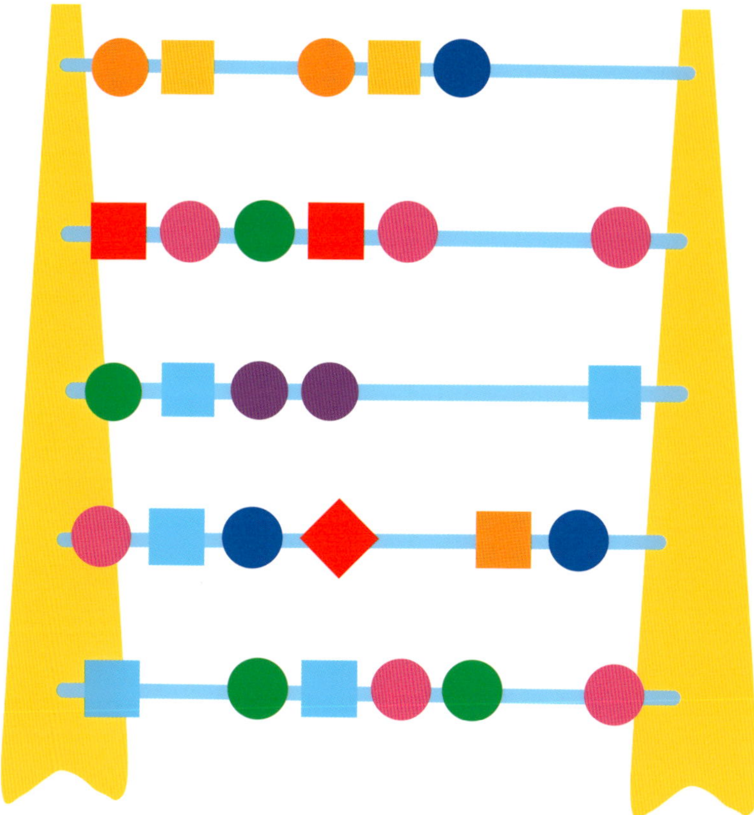

41. Le cactus

À toi de dessiner plein d’épines sur ce cactus !
Dessine aussi une fleur.

42. Les maisons en champignon

Relie chaque lutin à sa maison.
Fais bien attention à la couleur des bonnets.

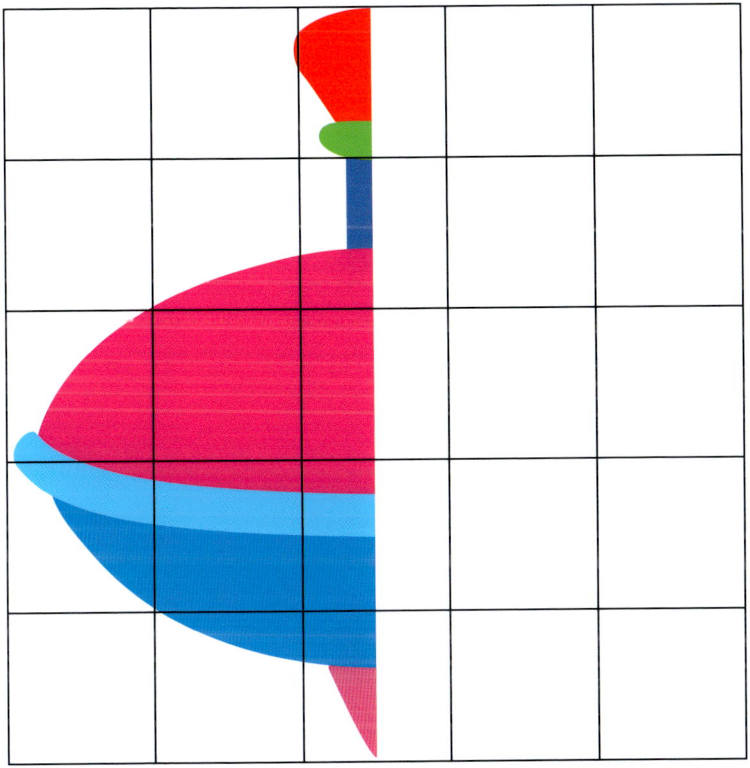

43. La toupie

À toi de terminer cette toupie.

44. Les montgolfières

Dessine les nacelles de ces montgolfières.
Ça te dirait de faire un tour ?

45. Driiiiing !

Quelle heure est-il ? Dessine les aiguilles du réveil.

46. L'hiver

Que portes-tu quand il fait froid dehors ?
Entoure les vêtements qui conviennent.

47. Salut petit soleil !

Dessine les rayons du soleil en repassant sur les pointillés avec ton feutre.

48. Une musique douce

Entoure l'instrument dans lequel il faut souffler, puis repasse sur les pointillés avec ton feutre.